Eckhard Kuhla (Hg.)
Die Gender-Fibel

www.fontis-verlag.com

Über den Herausgeber

Eckhard Kuhla, Jahrgang 1941, Diplom-Ingenieur, Autor, Publizist, Veranstalter und politischer Kabarettist. Gründer der geschlechterpolitischen Arbeitsgemeinschaft Agens e.V. Kuhla ist verheiratet und hat zwei Kinder.

Eckhard Kuhla (Hg.)

DIE GENDER FIBEL

Ein irres Konversationslexikon

fontis

Bibliografische Information der Deutschen Nationalbibliothek
Die Deutsche Nationalbibliothek verzeichnet diese Publikation in der Deutschen Nationalbibliografie; detaillierte bibliografische Daten sind im Internet über www.dnb.de abrufbar.

Der Fontis-Verlag wird von 2021 bis 2024 vom Schweizer Bundesamt für Kultur unterstützt.

Die Herausgabe dieses Buches wurde unterstützt vom Agens e.V. (www.agensev.de).

Konzept: Birgit Kelle
Umschlag: René Graf, Fontis-Verlag
Satz: Samuel Ryba
Druck: Finidr
Gedruckt in der Tschechischen Republik

ISBN 978-3-03848-229-1

Zur Einführung

Gender-Sprache – ist dieses Thema nicht längst erledigt und ausdiskutiert? Jetzt, da selbst die altehrwürdige Duden-Gesellschaft beschlossen hat, sich dem «Gendern» (ein neues Verb!) zu verschreiben, und von Gästen und «Gästinnen» sowie von Bösewichten und «Bösewichtinnen» spricht.

Gendern – tun das nicht längst alle «Studierenden», die man früher noch «Studenten» nannte, an den Universitäten in ihren Semesterarbeiten, um geschlechtersensibel zu schreiben? Hört man es denn nicht bis hinein in die Nachrichtensendungen der öffentlich-rechtlichen Sender, als künstlich eingefügte Sprechpause im Fernsehen und im Radio? Lesen wir nicht auf immer mehr Internetseiten verschiedener Medien neue Formulierungen und sehen neue Schreibweisen?

Je mehr sich Gender-Sprache verbreitet, umso mehr Menschen lässt sie ratlos zurück, denn den wenigsten ist die Idee hinter diesem neuen Sprachgebrauch bekannt. Gendern ist nicht auf die Gleichberechtigung von Mann und Frau aus, sondern auf die Abschaffung der Kategorie Geschlecht. Ein ganzer Kulturraum wird sprachlich überrollt von der Forderung feministischer Gruppen, aber auch von den unzähligen Splittergruppen neuer sexueller Identitäten, die Mehrheit müsse das Sprechen und Schreiben jetzt der Gefühlslage von überempfindlichen Minderheiten anpassen.

Wer die Macht besitzt, Wörter und Begriffe umzudeuten, verschafft sich Zugang zu unserer Gedankenwelt. Auf diese Weise ist es möglich, unser Denken zu steuern und uns so zu Erfüllungsgehilfen von Ideologien zu machen. – Die Gender-Fibel will mit dieser Erkenntnis die Rückkehr zum Umgangsdeutsch, zum Normaldeutsch bekräftigen. Sie ist jenes kleine Sprachlexikon, das dringender denn je nötig ist für alle, die gerne verstehen wollen, was ihnen mit neuen Begriffen und Definitionen untergejubelt wird. Sie ist ein kleiner Führer durch den Gender-Sprach-Dschungel, das ultimative Wörterbuch «Gendern–Deutsch», das so niemals im Duden-Verlag erscheinen würde.

Gender-Deutsch

Antifeminismus – **Gefährliche gesellschaftliche Strömung** gegen die legitimen Interessen der Frauenbewegung an der Emanzipation der Frau. In der Regel durch Vertreter des weißen ↗Patriarchats vorgebrachte Kritik an feministischen Forderungen. Es besteht zudem nicht selten der Verdacht, dass sich die Kritiker des Feminismus im rechten politischen Spektrum bewegen, weswegen Antifeministen in der Regel **Rechte, Rassisten und Faschisten** sind. Ihre Argumente sind keine solchen, sondern sollten als ↗Hatespeech unter Strafe stehen.

Normal-Deutsch

Kritik jeglicher Art an Handlungen oder Forderungen des Feminismus – unabhängig davon, ob sie gerechtfertigt ist oder nicht. Um sich gegen berechtigte Kritik zu wappnen, konzentrieren sich Feministinnen und Feministen weniger darauf, Argumente zu entkräften oder ihnen in Debatten zu begegnen, sondern mehr darauf, ihre Gegner durch Vorwürfe, sie seien Rassisten, Faschisten oder einfach nur «alte weiße Männer», aus dem Diskurs zu werfen und dadurch Widerspruch im Keim zu ersticken. Gepaart mit der Behauptung, Antifeminismus sei ↗Hatespeech, wird eine konträre Meinung im Diskurs bald zu einer Straftat.

Biologist – Mensch oder auch Wissenschaftler, der die bahnbrechenden Erkenntnisse der Genderforschung nicht anerkennen will und zwanghaft bei der Behauptung einer binären Geschlechterwelt und einer ↗Heteronormativität bleibt, ohne sich aus dieser selbstverschuldeten Unmündigkeit zu befreien. Bedauernswertes, aber auch **gefährliches Wesen**, da es dem Fortschritt der Geschlechterperspektive im Wege steht.

«Biologist» ist ein Schimpfwort zur Titulierung jener, die die wissenschaftliche Faktenlage der Biologie anerkennen, statt sie zu hinterfragen. Gerne auch für **Wissenschaftler der Evolutionsbiologie** genutzt, die auf die Erkenntnisse aus 300 Jahren Forschung verweisen können und/oder auf die fehlende Beweislage der Genderforschung aufmerksam machen. Gemeinhin wird den Biologisten und sicher auch den Biologist*innen vorgeworfen, die Natürlichkeit biologischer Geschlechtsmerkmale nicht dekonstruieren zu wollen und sich ihnen damit zu unterwerfen. Biologisten sind aus Genderperspektive also jene, die das Geschlecht als natürliche und nicht als soziologische Kategorie betrachten.

Cis-Geschlecht – Aus dem Glossar der feministischen Zeitschrift *Missy Magazine:* «Auch das biologische Geschlecht ist **etwas gesellschaftlich Konstruiertes** – denn die Natur, die immer wieder gerne als Wahrheit bemüht wird, sagt nicht, dass eine Vulva per se weiblich ist und deren Träger*in eine Frau sein muss [...] Cis bezeichnet jene, die sich mit dem Geschlecht, das ihnen bei der Geburt zugewiesen wurde, identifizieren und dieses Geschlecht auch ausagieren, sprich ‹performen›. Ist das der Fall, ist man vermutlich ein cis Mann oder eine cis Frau. Cis zu sein bedeutet also erst mal nur, sich innerhalb der Dichotomie ‹Mann oder Frau› wiederzufinden und das von der Gesellschaft als passend betrachtete biologische Geschlecht (Sex) von Ärzt*innen in die Geburtsurkunde eingetragen bekommen zu haben.»[1]

---

[1] https://missy-magazine.de/blog/2017/02/15/cis-gender/ (Stand 24.06.21)

Das Cis-Geschlecht ist das körperlich sichtbare und wissenschaftlich eindeutig feststellbare Geschlecht, in dem ein Mensch entweder als Mann oder als Frau geboren wird. Also **die Beschreibung der biologischen Faktenlage.** «Cis» kommt von lateinisch «diesseits» und steht dabei explizit als Gegenüberstellung zu «Trans»-Geschlechtlichkeit, lateinisch «jenseits» des biologischen Geschlechtes. Cis-Weiblichkeit ist also biologische Weiblichkeit. Für die Mehrheit der Weltbevölkerung also eine völlig überflüssige Konkretisierung und nur relevant für jene, die für sich selbst eine Diskrepanz zwischen biologischem und gefühltem Geschlecht verbalisieren wollen. Eine Trans-Frau ist also immer ein Cis-Mann. Ein Trans-Mann immer auch gleichzeitig eine Cis-Frau.

Cis-Normativität – Analog zur ↗**Heteronormativität**, die falsche Annahme, dass es normal ist, dass Menschen binär biologisch in Mann oder Frau eingeteilt werden können. **Gendernonkonforme Cis-Personen**, die in irgendeiner Form nicht das normative Bild einer Frau oder eines Mannes repräsentieren, können von **Cis-Sexismus** betroffen sein, einer Variante von **Transsexismus**, in beiden Fällen wird eine **gendernonkonforme Performance** der Betroffenen von der heteronormativen Gesellschaft abgelehnt.

Der Ausdruck «Cis-Normativität» beschreibt die **weltweite geschlechtliche Faktenlage,** dass die Weltbevölkerung, bis auf die Ausnahme der Intersexuellen, männliche oder weibliche Körper aufweist, unabhängig davon, ob das dem Inhaber eines Körpers gefällt oder nicht. Sein Geschlecht «zu performen» bedeutet, es als Rollenspiel zu betrachten und darzustellen. Entsprechend kann ein Mann, der einfach nur gerne Frauenkleider trägt, ohne sich dabei aber wirklich als Frau zu fühlen, deswegen Cis-Sexismus ausgesetzt sein. Sobald er sich als Frau fühlt, wird aus dem Cis-Sexismus dann Transsexismus, weil man ihn als Frau nicht ernst nimmt. Gendernonkonform (also nicht geschlechterkonform) «performen» können also nur Menschen, die ein anderes Geschlecht als ihr angeborenes ↗Cis-Geschlecht spielen. Sobald eine Frau sich wie eine Frau benimmt, performt sie zwar auch ein Geschlecht, es ist aber ihr eigenes. Auch diese Auskunft ist für ganz normale Männer und Frauen weder hilfreich noch nützlich.

Erstsprache – Moderner Begriff zur Beschreibung jener Sprache, die ein Kind zuerst erlernt. Kinder werden in unterschiedlichen Kontexten, heute auch in modernen Familien aus unterschiedlichen Geschlechterkonstellationen groß (↗Regenbogenfamilien). Zur Vermeidung der Diskriminierung von Vätern und LGBT-Personen – aber auch Kita-Erzieherinnen, die heute nicht selten erster Ansprechpartner*in beim Spracherwerb sind –, sollte der diskriminierende Begriff der «Muttersprache» durch einen neutralen Begriff ersetzt werden. **Auch Väter und Kitas können Kindern das Sprechen beibringen!**

Der Begriff «Erstsprache» soll das Wort «**Muttersprache**» ersetzen – seit Bestehen der Menschheit jene Sprache, die die **Mütter an ihre Kinder** weiterreichen, womit sie eine große Kulturleistung erbringen.

«Es braucht ein ganzes Dorf, um ein Kind großzuziehen.» – Ein altes, aber im Sinne der Critical Race Theory (CRT) als «woke» geltendes afrikanisches Sprichwort, das sich durch seine ethnokulturelle Resistenz gegen die elterliche Hybris einer imperialistischen White Male Supremacy (WMS) als **Leitkonzept für den nachhaltigen Abbau repressiv-konservativer Kindererziehungskonzepte** in hybriden post-imperialistischen Gesellschaften wie der unsrigen anbietet. Es gilt als wissenschaftlicher Konsens, dass Eltern, die ihr Kind unbedingt selbst, gar allein und ohne Unterstützung qualifizierter Experten erziehen oder betreuen wollen, ihrem Kind wichtige Bildungsimpulse vorenthalten. Die Prüfung der Erziehungsfähigkeit solcher Bildungsverweigerer-Eltern ist ernstlich zu erwägen.

Dieses afrikanische Sprichwort wird zitiert als Argument für die außerhäusliche Erziehung und Betreuung von Kindern, gerne auch bei Debatten über eine Kitapflicht in Deutschland. Nicht selten wird dabei unterschlagen, dass das «afrikanische Dorf» nichts anderes als **die eigene Großfamilie des Kindes** darstellt, was man hierzulande wohl als **«Mehrgenerationenhaus»** mit Großeltern, Tanten, Onkeln, Cousins etc. bezeichnen würde. Des Weiteren werden im afrikanischen Dorf Kinder monatelang am Körper der Mutter getragen, und man schickt die Mutter nicht ins Nachbardorf zur Arbeit, um sie absichtlich vom Kind zu trennen. Man sagt der Mutter auch nicht, dass sie zu blöd ist, um ihr Kind selbst oder allein großzuziehen.

«Familie ist da, wo Kinder sind.» – Familie definiert sich entsprechend dieser, vor allem unter linken Politikern gebräuchlichen, Formel danach, **in welchem Lebensraum ein Kind gewöhnlich angetroffen wird.** Explizit wird damit nicht einer statistischen Wahrscheinlichkeit Rechnung getragen, denn nach wie vor lebt die überwiegende Mehrzahl der Kinder im gemeinschaftlichen Haushalt beider Eltern. Die Formel orientiert sich vielmehr am poetisch-utopischen Topos des glücklichen Kindes inmitten einer losen und/oder konstanten Ansammlung erwachsener Individuen im weiter zu fassenden häuslichen Umfeld.

Kinder verbringen inzwischen einen Großteil des Tages in diversen **Familienersatzstrukturen,** in der Kita oder der Ganztagsschule. Manche übernachten gar in 24-Stunden-Kitas. In den Slums von Kalkutta leben Kinder, ebenso in Waisenhäusern, auf den Straßen von Rumänien und in SOS-Kinderdörfern. Keiner dieser Zustände beschreibt Familie, manche genau genommen sogar explizit das Fehlen der Familie. «Da, wo Kinder sind» als Familie zu benennen zeugt demnach eher von Zynismus und **ignoriert die integrative und identitätsstiftende Komponente von Verwandtschaft,** die sich durch Abstammung und Herkunft empirisch beschreiben lässt.

Familie, traditionelle – Alternativ auch **Auslaufmodell, Heile-Welt-Klischee** oder **tradierte Lebensform**, die laut Bundeszentrale für politische Bildung zwar «noch weit verbreitet» sei, aber mit der Lebenspraxis vieler Menschen nicht mehr übereinstimme. Aus feministischer Perspektive wird dort traditionell eine **sexistische Rollenverteilung durch Unterdrückung der Frau** gelebt, bei der der Mann das Geld verdient und die Frau sich um Haushalt und Kinder kümmert. Dies gilt es zu überwinden zugunsten moderner und emanzipierter Familienformen.

Die traditionelle Familie aus Vater, Mutter, Kind – **auch Kleinfamilie oder natürliche Familie** genannt – ist die kleinste Zelle menschlichen Zusammenlebens und stellt weltweit die überwältigende Mehrheit der gelebten Realität seit Bestehen der Menschheit dar. Die traditionelle Familie ist somit die statistisch normalste Lebensform des Menschen und auch der **natürlichste Lebensraum zum Heranwachsen eines Kindes.** Ein Mann und eine Frau tun sich zusammen, zeugen ein Kind und ziehen es selbst groß – das hat das Überleben der Menschheit gesichert. Auch in Deutschland stellt dies aktuell die beliebteste Familienform und weiterhin die häufigste Wunschvorstellung der jungen Generation dar, was die unabhängigen Shell-Jugendstudien seit Jahren bestätigen.

Familie, moderne – Alle Familienformen außer der traditionellen. Je mehr die moderne Familienform sich von den herkömmlichen Lebensformen emanzipiert, desto moderner, wobei das Ausmaß der Modernität proportional zur Anzahl und exponentiell zur Diversitätspalette der Involvierten steigt: Dazu zählen **Lebensabschnittspartner verschiedenen oder auch wechselnden Geschlechts, Wahlverwandtschaften und alternative Wohnungs- und Betten-sharing-Modelle.** Zu beachten ist dabei, dass sich keiner für den anderen in irgendeiner Weise – vor allem nicht finanziell – verpflichtet fühlen muss. Jede Abhängigkeit ist sensibel zu vermeiden, jeder muss selbst für seinen Lebensunterhalt aufkommen. Besonderer Sensibilität bedarf es beim Vermeiden von Rückfällen in stereotypes Rollenverhalten, wozu vor allem Schwangere, Stillende und Mütter mit Kleinkindern neigen.

Vater-Mutter-Kind – Die moderne Familie ist mit dem Kern der ↗traditionellen Familie identisch. Laut statistischem Bundesamt leben in Deutschland rund **80 Prozent aller Kinder bei ihren leiblichen Eltern,** es steigt die Zahl der Alleinerziehenden (rund 20 Prozent), was allerdings aus Perspektive der Betroffenen kein Wunschideal zur Überwindung der ↗traditionellen Familie darstellt, sondern aus dem ungeplanten Scheitern normaler Kleinfamilien resultiert. Die meisten Singles suchen nach einem Partner zur Gründung einer normalen Familie und die meisten Alleinerziehenden suchen nach einem neuen Partner. Alle sogenannten «neuen Familienformen» stellen statistisch einen so geringen Prozentsatz dar, dass sie amtlich mit unter 0,07 Prozent kaum erfasst werden können und als Lebensform vor allem in Feuilletons von Zeitungsformaten und Vorabendserien von TV-Sendern zu beobachten sind (↗Regenbogenfamilie).

Frauenquote – Legitimes **Mittel zum Zweck** der Erreichung der ↗Gleichstellung der Frau in allen Lebenslagen und vor allem in Führungspositionen. Die Frauenquote ist so lange nötig, bis überall mindestens 50 Prozent Frauen anzutreffen sind – ausgenommen jene Bereiche, in denen Prestige und/oder Macht und Geld keine Rolle spielen. Sind irgendwo mehr als 50 Prozent Frauen anzutreffen, ist das kein Nachteil für den Mann, sondern umso besser. Die Frauenquote ist eines der **wichtigsten Instrumente zur Erringung von ↗Geschlechtergerechtigkeit.**

Frauenquoten sind die **gesetzliche Manifestation einer angeblichen Unfähigkeit der Frau,** sich nur aufgrund von Leistung und Talent auf einen Posten hochzuarbeiten, weswegen man ihr als Hilfsmittel gegen die «Behinderung Frau» eine gesetzliche Unterstützung gewährt, die ein Mann nicht braucht, weil er bekanntlich alles auch ohne Hilfe kann. Ausgerechnet jene, die proklamieren, Geschlecht möge keine Rolle beim Besetzen eines Postens spielen, machen damit den **Besitz einer Vagina zur weiblichen Schlüsselkompetenz** etwa bei der Vergabe von Vorstandsposten, während man den Verstand von Frauen im Vergleich zu ihrem Körper als nachrangig betrachtet. Frauenquoten sind demnach zutiefst sexistisch und diskriminierend.

Gebärende Person/Person, die das Kind geboren hat – Nicht nur Frauen, sondern auch Männer und Angehörige vielfältiger ↗Geschlechteridentitäten können Kinder gebären. Aus **Rücksicht auf die Gebärfähigkeit von Transmännern** sollte unterlassen werden, weiterhin im Zusammenhang mit dem Gebärvorgang den einengenden und weiblich gelesenen Begriff der «Mutter» zu benutzen.

Die «gebärende Person» ist die **Mutter eines Kindes** – Frauen haben einen Menstruationszyklus und können deswegen ein Kind empfangen, austragen und gebären. Nur Frauen können das, es ist der **Unique Selling Point der Weiblichkeit,** eine Domäne der Frau, die ihr niemand streitig machen kann, nicht einmal durch gesetzliche Quoten und schon gar nicht durch Menschen, die gerne Mütter wären, es aber natürlicherweise niemals werden können.

Genderfeminismus, intersektionaler – *UN Women* definiert: «Ein intersektionaler Feminismus konzentriert sich auf die Stimmen derjenigen, die **überlappende, gleichzeitige Formen der Unterdrückung** erleben, um die Tiefen der Ungleichheiten und die Beziehungen zwischen ihnen in jedem Kontext zu begreifen.»[2] Dies konzentriert sich auf Faktoren wie Race, Color, Gender und Sex – betrachtet im sozialen und historischen Kontext.

[2] https://www.unwomen.de/ueber-uns/un-women-kaempft-fuer-gleichstellung/intersektionaler-feminismus.html

Genderfeminismus erweitert inzwischen seinen Anspruch auf Vertretung diskriminierter Gruppen: Neben Frauen und sexuellen Minderheiten kämpft er auch für jene, die sich aufgrund von Rasse und/oder Migrationshintergrund benachteiligt fühlen, aber auch für Menschen, die aufgrund von Behinderung, Alter oder gar Körpergewicht diskriminiert werden. «Intersektional» meint dabei die **Anhäufung mehrerer Diskriminierungspotenziale, so dass eine Opferhierarchie entsteht,** bei der zwar einerseits alle gleich sind als Opfer, die einen aber auch mehr Opfer sind als die anderen. Die schwarze, lesbische, behinderte Frau ist deutlich diskriminierter als die weiße, heterosexuelle, privilegierte Frau. Deswegen verdienen Mehrfachopfer natürlich auch mehr Aufmerksamkeit.

Gender Fluidity – Beschreibt **die fließende Bewegung zwischen den Geschlechtern** männlich-weiblich und/oder weiteren dritten, vierten oder sonstigen Geschlechtern, teils in wechselnder Ausformung oder veränderlichen Gewichtungen. Nicht zu verwechseln ist die Gender Fluidity mit der Fluidität der geschlechtlichen, sexuellen Anziehungskraft, der sexuellen Identität oder der sexuellen Orientierung. Ein genderfluider homosexueller Cis-Mann kann beispielsweise auch eine genderfluide heterosexuelle Transfrau sein oder eine asexuelle weiblich gelesene Transfrau ohne sexuelles Begehren, dafür mit starkem Hang zu Frauenkleidern.

Das fließende Geschlecht – Abseits aller wissenschaftlichen Erkenntnisse die Theorie, dass Geschlecht gar nicht sicher in ein klares Mann-Frau-Schema aufgeteilt, sondern ein **fließendes Spektrum** sei, in dem sich der Mensch bewegt, so dass es ganz unterschiedliche Ausdrucksweisen von Geschlecht und dazu passender oder unpassender Sexualität gibt. Gender fließt aber in diesem Kontext offensichtlich immer nur aus dem heterosexuellen Spektrum in das nicht-heterosexuelle Vakuum ab und niemals zurück. Deswegen kann es nach dieser Theorie auch nur eine Bewegung aus der Heterosexualität heraus, aber niemals eine in sie hinein geben. Das widerspricht zwar der Theorie selbst und auch den Gefühlen von bisexuellen Menschen, das macht aber nichts, da sowieso niemand Logik erwartet – schließlich reden wir über Gendertheorie.

Gendergerechtigkeit – Noch lange nicht erreichter gesellschaftlicher **Zustand völliger Gleichstellung aller Geschlechter,** der im Zweifel auch durch Gesetze und/oder Quoten gegen den Widerstand des männlichen ↗Patriarchats hergestellt werden muss.

Unter den Begriff der «Gendergerechtigkeit» fällt alles, was eine Genderfeministin für richtig hält – und das deswegen auch richtig und gerecht sein muss. **Faktenunabhängige komplizierte Berechnungsgrundlage,** die vor allem erfühlt wird und in der Regel nur von nichtmännlichen Personen beherrscht wird. Gerechtigkeit bemisst sich hier nicht an vernünftigen, sondern vor allem an **numerischen Faktoren.** So wird etwa landläufig angenommen, dass die volle ↗Geschlechtergerechtigkeit erst bei zahlenmäßig gleicher Vertretung von Männern und Frauen in allen gesellschaftlichen Bereichen erreicht sein wird. Ungerecht ist dabei immer, wenn irgendwo mehr Männer als andere Geschlechter vorgefunden werden. Nicht zu verwechseln ist dies mit dem Zustand, wenn irgendwo mehr Frauen als Männer anwesend sind, das ist nämlich immer ein Segen, außer bei der Kindererziehung und am heimischen Herd. Dort erfordert die ↗Geschlechtergerechtigkeit die Herbeiführung einer neuen Überrepräsentanz von Vätern. Nicht geklärt ist bislang, inwiefern die Vielfalt »

der Geschlechter an der Gendergerechtigkeit prozentual abbekommen soll bei der Verteilung von Posten aufgrund von Geschlechterquoten. Dies betrifft auch die Verteilung von Posten an intersektionale Gendergruppen wie Migranten, Behinderte etc.

Genderkompetenz – Universitär zertifizierbares, exklusives und wertvolles Expertenwissen darüber, wie im Sinne der ↗Gendergerechtigkeit politische und gesellschaftliche Prozesse gestaltet werden müssen, um Diskriminierungen auf Basis von Geschlecht und/oder Gender zu vermeiden und größtmögliche ↗Gendergerechtigkeit herzustellen. **Schlüsselqualifikation der Zukunft.** Erlernbar und zertifizierbar an einem der zahlreichen Gender-Lehrstühle, Promotion unbedingt erwünscht.

Selbsternanntes Expertentum von in der Regel in der Gender-Industrie beschäftigten Personen zur Unterstreichung der eigenen Wichtigkeit und Unersetzbarkeit. Folgt ähnlich unspezifischen Kriterien wie die dadurch herzustellende ↗Gendergerechtigkeit in allen gesellschaftlichen Bereichen, Unternehmen, Kirchen und Parlamenten, was in sich auch logisch ist, denn wer das Ziel nicht definiert, kann auch die dafür notwendigen Fähigkeiten nicht näher umreißen. Genderkompetenz wird in der Regel von Gleichstellungs-, Gender und/oder Diversitybeauftragten als Qualifikation behauptet.

Geschlecht, das dritte – **Selbstidentifikation** von Personen, die sich nicht in das binäre Geschlechtssystem «männlich» und «weiblich» einordnen lassen (wollen). Wird umgangssprachlich auch für intersexuelle Menschen verwendet, die eine dritte Option zum Geschlechtseintrag im Ausweis eintragen lassen können (nämlich: «divers»).

Das dritte Geschlecht ist ein nicht existentes Geschlecht, das aber gern zur Untermauerung der Theorie von der Vielfalt der Geschlechter herangezogen wird. Es ist **nicht zu verwechseln mit der dritten Option** für einen Geschlechtseintrag im Ausweis, der laut Beschluss des Bundesverfassungsgerichtes eingeführt wurde, um Intersexuellen die Möglichkeit zu geben, ihre biologische Abweichung vom Normalfall Mann oder Frau auch mit einem Eintrag in Ausweispapieren kenntlich zu machen. **Nur ärztlich bestätigte Intersexuelle dürfen also das Geschlecht «divers» eintragen lassen und sonst niemand.** Es kann auch nur «divers» und sonst keine der frei erfundenen Optionen (↗non-binär, ↗queer, etc.) eingetragen werden. (Siehe auch: ↗Geschlechteridentität)

Geschlechtergerechtigkeit – Oberstes Ziel jeder Geschlechterpolitik, wobei die Frage, welche Geschlechter damit gemeint sind und was welches Geschlecht ausmacht, unterschiedlich definiert werden kann und auch muss, da in der Geschlechterforschung ständig weitere Geschlechter entdeckt werden. Geschlechtergerechtigkeit muss **die gleiche Teilhabe und Sichtbarkeit aller Geschlechter** gewährleisten, da wir uns gesellschaftlich immer noch im ungerechten Zustand der Herrschaft des männlichen **↗Patriarchats** und der **↗(Zwangs-)Heteronormativität** befinden. Benachteiligte Geschlechter müssen mehr Rechte und Schutzräume erhalten, auch wenn dafür andere Geschlechter bereits verbürgte Rechte verlieren.

Hierbei handelt es sich um einen rechtlich bereits hergestellten gesellschaftlichen Zustand in Deutschland und der gesamten westlichen Hemisphäre, wo Frauen und Männer verfassungsrechtlich abgesichert bereits gleiche Rechte haben. **Geschlechtergerechtigkeit geht dabei in allen Gesetzestexten von genau zwei Geschlechtern aus,** weil es weder ein drittes noch weitere Geschlechter gibt, auch wenn die sogenannte «Vielfalt der Geschlechter» (Diversity) gerne und oft zitiert wird. Diese meint jedoch nicht Geschlecht im biologischen Sinne, sondern unzählige sexuelle Orientierungen und Vorlieben bis hin zur Enthaltsamkeit, aber auch frei erfundene sexuelle und geschlechtliche Identitäten (↗Non-binäre/nichtbinäre Menschen, ↗Gender Fluidity). Die deutsche Verfassung regelt allerdings nicht die Frage, wer wen sexuell begehrt, wie oft, wie viele einander begehren und warum, sondern allein die Chancengleichheit von Frauen und Männern.

Geschlechteridentität – **Selbst gewählte Geschlechtsbezeichnung** (↗Selbstbestimmung des Geschlechtes), deren Existenz als unveränderlich bezeichnet werden muss, jedenfalls solange sie nicht in einem weiteren Akt der Selbstbestimmung doch anders identifiziert wird. Ändert ein Mensch seine Geschlechtsidentität, so befand er sich vorher nicht im Irrtum, sondern nur in einer alternativen Wahrheit.

Dies ist ein neuer **Fachbegriff für alle Formen selbstgewählter Geschlechtsbezeichnungen.** Der Begriff der «Identität» soll dabei sowohl die innere Gewissheit als auch die Unveränderlichkeit dieser empfundenen Wahrheit betonen, um jedem Einwand, auch von Ärzten oder Therapeuten, zuvorzukommen. (Siehe auch: ↗Cis-Geschlecht, ↗Geschlecht, das dritte ↗Queer/Genderqueer)

Gleichheit – Beschreibt den Zustand der Menschen im **Idealzustand der Gesellschaft,** wenn niemand mehr aufgrund eines Unterschiedes vom anderen Menschen unterschieden werden kann. Gleichheit aller in allem ist Unterpfand der Gerechtigkeit. **Opfer** darf sich nennen, wer nachweisen kann, dass er/sie/* aufgrund einer Diversität nicht gleich behandelt wird. Bei der Feststellung von Gerechtigkeit kommt der Diversität eine zentrale Rolle zu: Nur, wer divergiert, ist wirklich «gleich», wer es hingegen wagt, nicht zu divergieren, verhindert Gleichheit. Die beste Voraussetzung für eine wirkliche **Gleichheit vor dem Gesetz** im Sinne der Menschenrechte ist Diversität. Ganz nach dem Motto: Alle Tiere sind gleich, nur manche sind gleicher. Erst wenn uns allen alles gleich ist, herrscht Gerechtigkeit.

Gleichheit kann allein schon deswegen niemals erreicht werden, weil alle Menschen **individuell verschieden** sind, was weder eine Diskriminierung noch eine ungerechte Ungleichheit, sondern ein Fakt ist. Ungleiches nun gleich machen zu wollen oder Ungleiches gleich behandeln zu wollen muss also immer im Einzelnen begründet werden. Selbst jene, die absolute Gleichheit fordern, sehen sich in der Regel gerade aufgrund ihrer sonst betonten Individualität und aufgrund ganz bestimmter individueller Eigenschaften oder Merkmale benachteiligt (Geschlecht/Alter/sexuelle Orientierung/Religion etc). Es kann also nur eine Gleichheit von Ungleichen im Sinne einer **Gleichbehandlung ungleicher Menschen vor dem Gesetz geben**. Genau dies ist nun erfreulicherweise bereits seit vielen Jahrzehnten erreicht, zumindest in Deutschland und anderen demokratischen Ländern. Das **Grundgesetz betont in Art. 3** explizit: **«Alle Menschen sind vor dem Gesetz gleich.»**

Gleichstellung der Frau – Politische Forderung nach gleicher Teilhabe der Frau an allen Lebensbereichen der Gesellschaft, wobei diese erst dann als erreicht gilt, wenn sich **im Vergleich zum Mann die gleiche Anzahl von Frauen** in einem Bereich von Wirtschaft, Politik, Berufsleben etc. befindet. **Gleichstellung kann nur mit Parität erreicht werden,** also wenn in allen Lebenslagen 50 Prozent Männer und 50 Prozent Frauen anzutreffen sind. Um die Gleichstellung zu erreichen, sollen gesetzliche ↗**Frauenquoten** helfen, die Gleichstellung der Frau zu forcieren, um den erwartbaren Widerstand des ↗Patriarchats gesetzlich in die Knie zu zwingen.

Tatsächlich fordern weder ein deutsches Gesetz noch die Verfassung eine Gleichstellung der Frau; dieser Begriff wird fälschlicherweise und auch gerne absichtlich falsch zitiert. Das Grundgesetz sichert hingegen (zu Recht!) die **Gleichberechtigung der Frau**, was nicht Ergebnisgleichheit, sondern eine **Chancengleichheit der Frau** gewährleisten soll. Gleichstellung will Ergebnisgleichheit. Gleichberechtigung fordert Chancengleichheit. Eine Forderung nach Gleichstellung bedeutet in diesem Zusammenhang irrsinnigerweise sogar explizit eine **Ungleichbehandlung** von Menschen, nämlich der Männer. Dann nämlich, wenn Frauen, beispielsweise in einem Bewerbungsverfahren, bei gleicher Qualifikation bevorzugt werden, um die ↗Frauenquote auf eine 50-Prozentmarke zu erhöhen. Eine Gleichstellungspolitik, die nur auf Erfüllung von Parität ausgerichtet ist, ignoriert, dass weibliche und männliche Lebensläufe auch deswegen unterschiedlich sind, weil **Männer und Frauen oft unterschiedliche Prioritäten und Berufswünsche** haben. Es ist also keine »

Ungleichheit, wenn nur eine Handvoll Frauen Maschinenbau studieren, weil sie lieber Germanistinnen werden wollen, sondern ein Akt der weiblichen Selbstbestimmung.

Hatespeech/Hass-Kommentare – Aktive Ablehnung fortschrittlicher, moderner neuer Meinungen. Diese befinden sich in einer Grauzone, welche sowohl strafbare als auch nicht strafbare Ausdrucksweisen und Argumente umfassen, aber auch Statistiken, die Menschen abwerten und beleidigen und/oder **das Gefühl des Diskriminiertseins** hervorrufen. In der Regel anzutreffen im Kontext rassistischer, antisemitischer, antifeministischer oder sexistischer Kommentare, vorzugsweise im Internet und/oder auf Social-Media-Kanälen, die bestimmte Menschen oder Gruppen zur Zielscheibe haben. Die sich damit äußernde gruppenbezogene Menschenfeindlichkeit oder Volksverhetzung impliziert grundsätzlichen Rassismus bei der vortragenden Person. Juristisches Eingreifen und Unterbinden weiterer Äußerungen sind folglich zwingend geboten. Eventuelle Gesetzeslücken, die eine weitere Verbreitung von Hatespeech im Alltag, im Internet und/oder in der Literatur und vor allem im Bildungsbereich erlauben, sind umgehend zu beseitigen. ↗Safe Spaces sind

Der Begriff «Hatespeech» lässt sich für **alles und nichts** benutzen. Eigentlich handelt es sich hierbei mittlerweile um jede alternative Meinung zu einem Themenkomplex bezüglich Minderheiten oder identitärer Gruppen. Sowohl Feminismuskritik als auch Kritik an LGBT-Politik, an Migrationspolitik und an Genderpolitik im Allgemeinen wird in der Regel als Hassrede kategorisiert. Praktischerweise existiert **weltweit in keinem Gesetz eine Definition von Hatespeech**, so dass das Vorliegen eines Tatbestandes von der Gefühlswelt und/oder der Willkür des sich diskriminiert und gehasst Fühlenden abhängt. (Siehe auch: ↗Sexismus, ↗Transphobie, ↗Homophobie)

flächendeckend als sichere Schutzräume zu eröffnen, ein Rechtsanspruch auf Safe Spaces für Non-white-non-heterosexual-Personen ist zu prüfen.

Hausfrau (auch: Heimchen am Herd) – Ein Relikt der traditionellen Familie. Sie vereinigt und exemplifiziert alle fortschrittshemmenden Parameter vor-emanzipatorischer, bürgerlich-reaktionär-patriarchaler gesellschaftlicher Einrichtungen. Trotz über hundert Jahre öffentlicher und politischer Maßnahmen zur Verminderung ihrer Population vermochte sich der Typus in rückständigen gesellschaftlichen Nischen zu halten. Sein Aussterben ist jedoch nur eine Frage der Zeit und der sachgemäßen Frauen- und Geschlechterpolitik. Ein augenfälliges Merkmal der Spezies ist ihre **Einbindung in archaisch anmutende Beziehungskonstellationen zum Ehemann** (auch: «Familienoberhaupt») und den in der Regel gemeinsamen Kindern. Den Ausgang aus ihrer selbstverschuldeten Unmündigkeit sucht sie erst gar nicht; typischerweise nimmt ihr selbstgefährdendes Verhalten mit der Zeit und auf das Rentenarmutsalter hin zu. Die fortschrittsresistenten Exemplare stützen das ausbeuterische ↗Patriarchat durch ideologische Komplizenschaft. Besonderen Schaden

Eine Hausfrau ist eine Frau, die mit ihrem **selbst gewählten Mann in einer selbst gewählten Arbeitsteilung innerhalb der Familie** lebt (↗ Familie, traditionelle), bei der sie sich klassischerweise um Haushalt und vorhandene Kinder kümmert, während der Mann einer Erwerbsarbeit nachgeht, um dieses Lebensmodell zu finanzieren. Es handelt sich dabei um eine legitime und beliebte Lebensweise von Frauen, die früher oft ein Leben lang, heute häufiger nur für einen Lebensabschnitt gewählt wird, meistens für jene Phase, in der die Familie kleine Kinder hat. Von politischer, medialer und feministischer Seite wird sie deswegen leider oft, gerne, in ungerechter und sexistischer Form als «Heimchen am Herd» beleidigt, da vor allem andere Frauen ihr den Verstand absprechen und das gute **Recht, ihre Prioritäten** auch nur zeitweise nicht nach dem Arbeitsmarkt, sondern **nach ihrer Familie und ihren Kindern auszurichten.**

richtet die gemeine Hausfrau durch etwaige Übertragung ihres fatalen Lebensmodells auf ihre Töchter und gelegentlich auf vormals vollerwerbstätige Nachbarinnen an. Es versteht sich von selbst, dass dieses **selbstgefährdende Lebensmodell** der Frau durch den Einsatz jedweder rechtlich zulässigen politischen Maßnahme eingedämmt und perspektivisch überwunden gehört.

Heteronormativität (auch: Zwangsheteronormativität) – Derzeitiger unnatürlicher – weil nur durch Zwang und kulturelle Prägung aufrechterhaltener – Unterdrückungszustand der Gesellschaft, in der die Illusion aufrechterhalten wird, die mehrheitliche Heterosexualität der Weltbevölkerung sei natürlich oder gar als normal zu betrachten. Gender-Experten haben dies als einen Mythos entlarvt, der der Festigung eines bereits Jahrtausende währenden Unterdrückungsanspruchs durch das ↗Patriarchat heterosexueller Männer dient. Dieser **Zustand muss im Namen der Freiheit** zugunsten der tatsächlichen, echten und wahren Vielfalt und zugunsten der Selbstbestimmung bunter sexueller Orientierungen und Geschlechter **aufgelöst werden.** Wichtig ist, das neue Bewusstsein bereits Kindergartenkindern zu vermitteln, **im Zweifel auch gegen den Willen ihrer heteronormativen Elternhäuser.**

Heteronormativität beschreibt den tatsächlichen und unspektakulären **Normalzustand** im Verhältnis der Geschlechter weltweit, der sich durch alle Kulturen, Religionen, Rechtssysteme und Gesellschaftsforderungen bestätigt. Heterosexualität ist der Normalfall, was auch der Grund dafür ist, dass der Mensch nicht längst ausgestorben ist. Das Vorkommen anderen sexuellen Verhaltens, wie etwa der Homosexualität, wird dadurch weder abgestritten noch bewertet, aber als faktisch minderheitlich benannt. **Heterosexualität als Norm** zu bezeichnen ist keine Diskriminierung, sondern **angewandte Mathematik,** da sich, je nach Seriosität von Studien und Befragungen, zwischen 95 und 99 Prozent der Weltbevölkerung als heterosexuell bezeichnen.

Homophobie – Eine gegen lesbische und schwule Personen gerichtete Abneigung, Aggressivität und Feindseligkeit. Sie wird in den Sozialwissenschaften zusammen mit Erscheinungen wie Rassismus, Fremdenfeindlichkeit oder ↗Sexismus unter den Begriff **«gruppenbezogene Menschenfeindlichkeit»** zusammengefasst, da diese oft gleichzeitig bei einer Person vermutet werden, so dass Homohasser auch als Rassisten bezeichnet werden können. Den klassischen Homohasser erkennt man gut daran, dass er Forderungen der LGBT-Community nicht anerkennen will und ihnen immer wieder widerspricht oder Heterosexualität als «normal» bezeichnet (↗Heteronormativität). Als **Lesbophobie** wird ein sich mit Homophobie überschneidendes sexistisches Verhalten gegenüber lesbischen Frauen bezeichnet. Lesben sind damit qua Geburt doppelt so oft von Diskriminierung betroffen wie Schwule, weil sie immer sowohl als Lesben (Gender-Ebene), als auch als Frauen (Biologie-Ebene) betroffen sind und somit einer höherstehenden Opfergruppe angehören.

Der Begriff «Homophobie» wird mittlerweile sowohl benutzt, um echte Aversionen gegen Homosexuelle zu beschreiben, als auch für **jede Ablehnung der Forderungen von homosexuellen Lobbygruppen,** wie etwa nach rechtlichen Veränderungen in Bezug auf das Eherecht, auf das Adoptionsrecht für Schwule oder den Zugang zu bislang illegaler ↗Leihmutterschaft. Um die Perversität der Homophobie herauszustellen, werden abweichende Meinungen gegenüber der Schwulen-Lobby nicht mehr als abweichende Meinungen, sondern **als Krankheiten bezeichnet** (Phobien). Entsprechend kann ein Homophober nicht überzeugt, sondern nur von seinen Gedanken geheilt werden. Man muss auch nicht mit ihm diskutieren, weil seine Ansichten indiskutabel und diskriminierend sind (↗Transphobie).

Leihmutterschaft – Reproduktive **Dienstleistung** von gebärfähigen Personen. Form der Reproduktionsarbeit, bei der die gebärende Person im Auftrag und gegen Bezahlung für andere Menschen ein Kind austrägt, die aus individuellen Gründen kein Kind selbst zeugen und/oder gebären können. Vor allem für nichtgebärfähige Menschen wie homosexuelle Paare der Weg zum Glück der Elternschaft.

«Leihmutterschaft» ist ein irreführender und verniedlichender Begriff für eine **moderne Form des Menschenhandels** von Kindern. Finanzielle und auch kolonialistische Ausbeutung der Gebärfähigkeit einer Frau, **Degradierung der Frau als «Brutkasten»** für ein Kind, das man ihr anschließend abkauft. In Deutschland deswegen verboten. Auf dem Weltmarkt zunehmend florierendes Geschäft, bei dem keine Mutter «geliehen» wird, sondern ein Kind aus dem Katalog zusammengestellt wird mit Eizellspende, Samenspende, Eizell-Mutter, Gebär-Mutter (Brutkasten). Die günstigen Kinder werden in osteuropäischen Ländern und in Thailand geordert, weil dort die ausgebeuteten Frauen kaum Rechte haben und kaum medizinische Versorgung bekommen. Wer es sich leisten kann, bucht über die teuren Reproduktionskliniken in den USA und Kanada. (Siehe auch: ↗Reproduktionsarbeit)

LGBT/LGBTIQ – Gängige Abkürzungen für die Lobby von Vertretern der Gender-Geschlechtervielfalt bzw. der Gender-Diversity-Gruppen. Steht mit den Anfangsbuchstaben für die englischen Begriffe **Lesbian, Gay, Bisexual, Transgender, Intersexual, Queer.** Weitere Buchstabenkombinationen sind willkommen und erwünscht.

Abkürzungen wie «LGBT» stehen für **«alles außer heterosexuell»**. Die Buchstabenreihe ist willkürlich erweiterbar, oft gesehen wird auch LSBTTIQ (Lesbisch, Schwul, Bisexuell, Transsexuell, Transgender, Intersexuell, ↗Queer). Genau genommen kann im Sinne selbstbestimmter Fantasiegeschlechter in der bunten Vielfalt der Geschlechter aber das gesamte Alphabet aufgenommen werden.

Menschenmilch – Gendersensible Empfehlung zur Benennung der **Erstmilch für Neugeborene aus dem «Brustkorb» der gebärenden Person,** um die Vielfalt der Geschlechter auf den Wöchner*innen-Stationen der Krankenhäuser sichtbar zu machen und das Bewusstsein auch sprachlich zu schärfen, dass selbstverständlich auch Männer stillen können!

Menstruierende Person – Auch Männer und Angehörige diverser Geschlechtsidentitäten können menstruieren, es gilt deswegen zu vermeiden, im Zusammenhang mit dem Menstruationsvorgang von Frauen zu sprechen, da dies unnötig die Gefühle beispielsweise menstruierender Transmänner diskriminiert und ihnen fälschlicherweise die Fähigkeit zur Menstruation abspricht.

«Menschenmilch» ist **die Muttermilch der stillenden Mutter** eines Kindes.

Eine «menstruierende Person» ist **nichts anderes als eine Frau** – da bekanntlich **nur weibliche Menschen** menstruieren – unabhängig davon, wie sie sich fühlen (meistens nicht gut in dieser Zeit!), und unabhängig davon, wie sie sich selbst identifizieren, benennen, kleiden oder gar durch hormonelle Behandlungen oder operative Eingriffe verändern.

Mit-Mutter/Co-Mutter – Gleichberechtigt ein Kind großziehende lesbische Frau in einer gleichgeschlechtlichen Partnerschaft. Derzeit noch diskriminiert, weil sie **nicht** wie die gebärende Mutter oder der gebärende Vater automatisch als soziale Mutter (in selteneren Fällen als Vater) **in der Geburtsurkunde des «gemeinsamen» Kindes vermerkt** ist.

Die «Mit-Mutter» oder auch «Co-Mutter» steht im Gegensatz zur echten biologischen Mutter eines Kindes als **«zusätzliche Mutter»** zur Verfügung, in der Regel die Lebensgefährtin oder Ehefrau einer lesbisch lebenden Frau. Die Mit-Mutter ist qua Definition gerade nicht die Mutter, sondern nur eine soziale Mutter, will aber nicht Adoptiv-Mutter genannt werden oder gar Stiefmutter. Lesbische Paare fordern gerade – mit Unterstützung vor allem der Grünen – ihren Status als gleichberechtigte Mütter auch in den Geburtsurkunden des Kindes festhalten und dabei den **Vater streichen** zu dürfen, da er für Lesben offensichtlich sowieso irrelevant ist. Damit hätte ein Kind zwei Mütter, aber keinen Vater.

Non-binäre bzw. nichtbinäre Menschen – Personen, die sich keinem Geschlecht zugehörig fühlen (auch **«agender»** genannt) oder sich selbstbestimmt keinem Geschlecht unterwerfen wollen. Als nichtbinär verstehen sich auch Personen, die **sich einem ↗dritten Geschlecht zuordnen** oder einer gänzlich anderen Geschlechtsvorstellung – gerne auch «X-gender» oder «postgender» genannt. Das «X» steht dabei für beliebig, das «post» dafür, dass man diskriminierende und einengende veraltete Geschlechtsbezeichnungen hinter sich gelassen hat.

Freie Erfindung auf Basis lebhafter Fantasie. Glaubt man den Erkenntnissen der Genderexpertise, dann handelt es sich bei nichtbinären Menschen nur um einen Mythos, der durch die Vielgeschlechtlichkeit widerlegt wurde. Menschen, die sich selbst als non-binär bezeichnen, wollen sich nicht festlegen. Wissenschaftlich betrachtet wäre ein **non-binäres Wesen jedoch eine extra-terrestrische Lebensform.** Ganz ausschließen lässt sich deren Existenz also nicht.

Partnerschaftliche Beziehungen – Politisch korrekte Lebensweise emanzipierter, junger moderner Paare, die unbelastet von traditionellen Familienvorstellungen einvernehmlich, gerecht und akribisch jede Aufgabenstellung – vom Bettenmachen übers Müllentsorgen bis hin zur Selbstverwirklichung im Erklimmen der Karriereleiter – genau **fifty-fifty** untereinander aufteilen, damit sich ihre Lebensläufe möglichst nicht voneinander unterscheiden. Nach dem fachlichen Dafürhalten sowohl des feministischen Kollektivs als auch des amtierenden Familienministeriums gilt diese Lebensform als **Garant der vollendeten ↗Gendergerechtigkeit** und des ultimativen Glückszustandes einer jeden Gesellschaft und ist deswegen mit allen zur Verfügung stehenden politischen Instrumenten quer durch alle kulturellen und unkulturellen Segmente der bundesdeutschen Bevölkerung zu fördern und zu implementieren.

Als partnerschaftlich wird jede Beziehungsform bezeichnet, die sich dem **Diktat paritätischer Aufteilung aller Aufgabenfelder** unterwirft, was besonders für die Frage des Kindergebärens natürlicherweise eine unüberwindbare Herausforderung darstellt, da Männer sich bis heute dem Kinderkriegen verweigern und immer noch 100 Prozent aller Geburten durch Frauen bewältigt werden müssen. «Partnerschaftlich» wird dabei gerne begrifflich gleichgesetzt mit «gerecht» oder «emanzipiert», so dass vor allem die ↗traditionelle Familie mit ihrer selbst gewählten Aufgabenteilung zwischen Mann und Frau als «unpartnerschaftlich» und «unemanzipiert» gebrandmarkt werden kann. Der **politische Einmischungsversuch,** Familien eine «partnerschaftliche» Aufgabenteilung aufzudrängen, meint also explizit nicht, dass die beteiligten Partner dieser Familie ihr Zusammenleben frei, einvernehmlich und nach eigenen Vorstellungen aushandeln dürfen, sondern dass sie die Zielmarke der 50:50-Aufteilung zu erreichen haben, um den Ansprüchen staatlicher Aufmerksamkeit und Förderung zu genügen.

Patriarchat (auch: weißes Patriarchat) – Jahrtausendealte, gewaltsam aufrechterhaltene Vorherrschaft des Mannes zur Unterdrückung der Frau und der Vielfalt der Geschlechter. Als **Phallokratie** tritt es vor allem in Kunst und Kultur in Erscheinung, laut Duden die «auf einer Überbewertung des männlichen Geschlechts beruhende Vorherrschaft des Mannes besonders im gesellschaftlichen Bereich». Es versteht sich von selbst, dass dieser Zustand mit allen Mitteln zugunsten der ↗Geschlechtergerechtigkeit aufgebrochen werden muss. **Täter** im Patriarchat ist in der Regel der heterosexuelle, weiße Mann (oft **auch: alter weißer Mann),** vornehmlich unter den Bedingungen verbohrter christlicher Tradition. Bevorzugter Lebensraum des patriarchalen Mannes ist die **↗traditionelle Familie** in lebenslanger Ehe mit einem **↗Heimchen am Herd.** Warnung: Es gilt als kulturell unsensibel und verletzt muslimische Gefühle, islamischen Ländern patriarchale Strukturen zu unterstellen, da der muslimische Mann im Kontext der Vorherrschaft des weißen Patriarchats zu den Opfern des weißen

Patriarchat – **Früherer gesellschaftlicher Zustand,** bevor die Gleichberechtigung von Mann und Frau in der westlichen Hemisphäre in den Verfassungen verankert wurde. Heute nur noch als Wunschtraum unglücklich verheirateter Männer vorzufinden und in islamischen Gesellschaften, wo sowohl die Unterdrückung der Frau als auch die Unterdrückung und Kriminalisierung aller sexueller Orientierungen abseits der Heterosexualität bis heute Gesetz und an der Tagesordnung sind.

Mannes gezählt werden muss und es sich bei der Unterdrückung der muslimischen Frau nicht um echte Unterdrückung, sondern um einen rein kulturellen Unterschied handelt, was die muslimische Frau durch das Tragen von Kopftuch oder Burka als Freiheitssymbol bestätigt, mit dem sie sich vor den lüsternen Blicken alter, weißer Sexisten schützen muss.

PoCs – Abkürzung für «**People of Color**», Sammelbegriff für Menschen nicht-weißer Hautfarbe.

Abgekürzter Fachbegriff für «People of Color», welche früher als «Schwarze» bezeichnet wurden, was heute als diskriminierend verstanden wird – es sei denn, ein Schwarzer nennt sich selbst schwarz, dann ist es etwas völlig anderes, gut und richtig. Bekanntlich ist ja alles farbig – außer weiß. **Nichtweiße sind also aus der Genderperspektive grundsätzlich PoCs.** Damit die Bunten im Topf nicht durcheinandergeraten, müssen sie in Untergruppen wie Latinos, Asiaten oder «schwarze Bunte» eingeteilt werden («BPoC» genannt: «Black People of Color»). Schwieriger ist die Unterscheidung von Asiaten, weil man sich im Lager der PoC nicht einig ist, ob Asiaten zu den Weißen oder zu den benachteiligten PoC gehören, da viele von ihnen privilegiert leben. Hautfarbe ist im Sinne der PoC also nicht zwingend eine Farbe, sondern kann auch einen gesellschaftlich unterprivilegierten Status beschreiben. Ungeklärt ist beispielsweise, ob Barack Obama noch als PoC zu bezeichnen ist, da er als Präsident überprivilegiert im Weißen Haus residierte. (Siehe auch: ↗Intersektionaler Genderfeminismus)

Positive Diskriminierung – Feministische Rechtfertigungsformel für den Sachverhalt, dass ↗Frauenquoten die aktuelle Generation junger Männer tatsächlich benachteiligen, was aber als eine **Errungenschaft der Emanzipationspolitik** und folglich als Potenzierung von Gerechtigkeit qua ↗Gleichheit (im Sinne der Parität) zu werten ist. Die dadurch vereitelten Karrieren von besonders begabten und qualifizierten Exemplaren der männlichen Population sind unvermeidliche Kollateralschäden auf dem revolutionären Weg zur endgültigen Überwindung des ↗Patriarchats. Als Vertreter der Unterdrückerklasse («alter weißer Mann») haftet jeder männlichen Person eine Art **Erbschuld** an, die es abzutragen gilt. Kurz: Das glorreiche Endziel der totalen Parität rechtfertigt temporäre Maßnahmen (vgl. B. Brecht) technischer Diskriminierung von Männern: Ihr individuelles Unterliegen dient dem kollektiven Sieg.

So etwas wie «positive Diskriminierung» existiert nicht. Sie ist der «schwarze Schimmel» der Frauenbewegung, ein **Oxymoron, also: ein sprachlicher Widerspruch**. Denn Diskriminierung ist per Definition negativ und wird nicht positiv, bloß weil sie «nur» Männer trifft. Wenn eine böse Sache aber unter bestimmten Umständen doch positiv sein kann, hängt die Beurteilung von der Willkür der Entscheider – oder besser gesagt: der Entscheiderinnen – ab und nicht mehr von den Prinzipien oder gar von den Verfassungsrechten. Wer positiv diskriminiert, könnte also theoretisch auch positiv foltern, positiv morden oder positiv benachteiligen, wenn es dem eigenen Ziel dient. Man könnte also sagen, positive Diskriminierung ist der Begriff, mit dem sich Frauenquotenbefürworterinnen die Sache schönreden, oder kurz: Der Zweck heiligt die Mittel.

Queer bzw. genderqueer – Kann a) die Geschlechtsidentität von Menschen beschreiben, die sich gleichzeitig oder abwechselnd als Frau und als Mann oder weder als Frau noch als Mann identifizieren, und b) auch das «weder/noch» und das «sowohl/als auch» sexuellen Begehrens meinen. Genderqueer ist nicht eindeutig vom Begriff «genderfluid» oder dem Begriff «nichtbinär» abzugrenzen.

Queerbeet jeder Fall, in dem sich jemand irgendwie **abseits von Mann und Frau oder Heterosexualität** verortet. Eine Gender-Wunschtüte, die wie alle Selbstbezeichnungen explizit nicht klar definiert ist (↗Geschlechteridentität).

Rape Culture – Bestehendes, für Frauen und Kinder bedrohliches Gesellschaftsphänomen einer Vergewaltigungskultur des weißen ↗Patriarchats. ↗Sexismus und ↗Antifeminismus, aber auch die ↗Heteronormativität sind direkte Folgen dieser **ungezügelten, ständig existierenden sexualisierten Unterdrückung** durch den weißen Mann und seine Übergriffigkeit. Der Mann ist damit eine ständige Gefahr für die Frau, was geeignete Maßnahmen nahezu erzwingt (Resozialisierungs- und Erziehungsmaßnahmen, ↗Sexismus). Nicht zu verwechseln ist diese dramatische Vergewaltigungsbereitschaft unter westlich sozialisierten Männern mit der normalen Übergriffigkeit junger Männer of Color aus islamischen oder orientalischen Gesellschaften. Hierbei handelt es sich nicht um Vergewaltigungskulturen, sondern um schützenswerte religiöse und kulturelle Eigenheiten. Die Behauptung, in der Silvesternacht 2015 in Köln hätten Angehörige zugewanderter Männergruppen massenhaft deutsche Frauen belästigt, ist ein besorgniserregendes Anzeichen für gelebten Rassismus und entbehrt jeglicher Grundlage.

In westlichen Zivilisationen ist «Rape Culture» ein nicht existentes kulturelles Phänomen, da durch gesetzliche Gleichberechtigung seit Jahrzehnten sexuelle Übergriffe und bereits verbale Nötigungen unter Strafe stehen und auch juristisch verfolgt werden. Phänomene wie etwa die (öffentliche) Massenvergewaltigung von Frauen, in denen diese systematisch von Männern sexuell belästigt, eingekreist und auch vergewaltigt werden, wobei die Täter in der Regel juristisch unbehelligt bleiben, kennt man vor allem in orientalischen oder fernöstlichen Gesellschaften, wie etwa in Indien oder in Ländern des Arabischen Frühlings wie dem postrevolutionären Ägypten (Tahrir-Platz). Westlich geprägte Staaten kennen dies Phänomen erst seit einigen Jahren durch die Zuwanderung dieser Kulturen und auch dieses Frauenbildes nach Europa.

Recht auf Kitaplatz ab einem Jahr – Unverzichtbares arbeitspolitisches Instrument zur Herstellung von ↗Geschlechtergerechtigkeit, Partnerschaftlichkeit und zur Bekämpfung des ↗Patriarchats, dank dem die Frau sich endlich von der **Fessel des Kinderhütens befreit** auf dem Arbeitsmarkt verwirklichen kann, was zugleich den Bedarf an bezahltem Kinderhüten (und anderer Care-Arbeit) erhöht. Emanzipierte Frauen bevorzugen die professionelle Förderung ihrer Kinder im professionellen Ganztags-Setting baldmöglichst nach der Entbindung. Schließlich haben Kinder ein Recht auf Bildung und auf den Schutz vor dem antiemanzipatorischen Einfluss durch ihre Eltern (↗Heimchen am Herd), weswegen eine **Kitapflicht** erwogen werden sollte. Eine Überprüfung des **Kindeswohls** in solchen Familien sollte dringend vorgenommen werden. Zahlungen von Betreuungsgeld, Herdprämien und ähnlichen Direktleistungen stellen folglich laut Familienministerium einen familienpolitischen Fehlanreiz dar, weil sie Frauen von der Erwerbsarbeit abhalten und weil Frauen,

Ein Recht, das nie von der Mehrheit der Frauen und Familien gefordert wurde, das man ihnen aber dennoch staatlich eingeräumt hat mit der dazugehörigen **Aufforderung, diesen Platz nun auch zu nutzen,** schließlich richtete man diese Plätze nicht umsonst ein. Sie kosten Geld, und die **Arbeitskraft der Frau** ist auf dem Arbeitsmarkt dringend benötigt, ihre **Steuerzahlungen** auch, um genau diese Plätze zu finanzieren. Familien, die ihre Kinder vor allem in den ersten drei Lebensjahren selbst erziehen und betreuen wollen, werden finanziell benachteiligt, weil ihr Familienmodell nicht subventioniert wird, während der Kitaplatz jeden Monat mit durchschnittlich 1000 Euro gefördert wird. Der Staat mischt sich durch diese Lenkungspolitik aktiv in die freie Entscheidung von Familien ein, da er einseitig bestimmte Lebensmodelle belohnt, andere finanziell bestraft.

die ihre Kinder weiterhin selbst großziehen, den Schattenmarkt **familiärer Schwarzarbeit fördern,** da sie diese Leistung nicht wie jede anständige Tagesmutter und Kitaerzieherin versteuern. Es wäre völlig verfehlt, im häuslichen und familiären Umfeld geleistete Arbeit finanziell zu fördern und damit der drohenden Altersarmut vorzubeugen, weil es die falschen Anreize schafft. Die Frage, ob Babys und Kleinkinder besser bei ihren Eltern oder in der Krippe den Tag verbringen sollten, ist von der Regierung auf genderwissenschaftlicher Basis erschöpfend untersucht und im Sinne der Untersuchung als dem Kindeswohl dienlich entschieden.

Recht auf Ganztagsplatz – Siehe **analog ↗Recht auf Kitaplatz.** Soll verhindern, dass im sensiblen Übergang zwischen Kindergarten und Schule Familien wieder selbst ihre Kinder betreuen müssen. Es braucht eine **lückenlose staatliche Ganztags-Betreuung bis zum Abitur,** um die Karriere und Entfaltung des eigenständigen Lebensentwurfes beider Elternteile nicht zu gefährden und sowohl die Durchsetzung der totalen Partnerschaftlichkeit von Beziehungen als auch die Gleichstellung der Geschlechter als Verfassungsziele final durchzusetzen. Ganztagsbetreuung hat somit verfassungsrechtliche Relevanz. Was für Familien mit kleinen Kindern recht ist, kann für Familien mit großen Kindern nur billig und der staatlich gewährleisteten Bildung der Kinder förderlich sein.

Die Frage, ob Kinder ihre Freizeit lieber frei gestalten, Geschwister und Familien ihre Freizeit lieber gemeinsam statt auf dem Schulgelände verbringen wollen, ist **von der Regierung bereits beantwortet.** Um auch jene Kinder in ein Ganztagsmodell zu zwingen, deren Familien es gar nicht wollen, werden zunehmend alle Schulen zu Ganztagsschulen umfunktioniert, so dass eine normale Vormittagsschule demnächst nur noch mit langen Anfahrten zu erreichen ist. Das zwingt dann automatisch alle Kinder in den Ganztagsbetrieb.

Regenbogenfamilie – Familienform der Zukunft abseits tradierter, sexistischer, patriarchaler oder gar biologistischer Vorstellungen von Herkunft und Familienzugehörigkeit qua leiblicher Abstammung. Gerne auch als **Co-Parenting** gelebt, wobei lesbische und schwule Paare und/oder Trios und/oder Quadrigas das mit vereinter und/oder auch anonym gespendeter Genmasse und/oder Leihmaterial produzierte Kind in vertraglich geregeltem Wechselmodell großziehen. Die Kinder bekommen dadurch sowohl mehrere oder gar keine Väter und/oder Mütter als auch Groß-eltern_Innen und werden dadurch bereichert.

Hierbei handelt es sich um **alle Familienformen abseits der Modelle «Vater-Mutter-Kind» oder «heterosexuell alleinerziehend».** Der Terminus «Regenbogen» ist der Regenbogenfahne als Erkennungssymbol der LGBT-Lobby entlehnt. Regenbogenfamilien sind ergo Familienformen mit nicht-heterosexuellen Erwachsenen und teilweise genetisch mit ihnen verwandten oder adoptierten Kindern. Co-Parenting beschreibt **das gemeinsame Elternsein, ohne ein Paar zu sein.** Man beschließt, ein Kind zu zeugen, um ein Kind zu haben, und die Aufzucht gemeinschaftlich zu teilen, ohne sich den Mühen einer elterlichen Partnerschaft zu unterwerfen (↗Familie, moderne).

Reproduktionsarbeit – In der Regel neunmonatige Zeitspanne, in der ein Kind im Körper einer gebärfähigen Person ausgetragen wird, bevor es zum Geburtsakt kommt, der explizit als **Schwerstarbeit** bezeichnet werden sollte. Eventuelle Spät- und Nachtzuschläge oder auch Wochenendzulagen sollten gewerkschaftlich eingefordert werden.

Übersetzt bedeutet «Reproduktionsarbeit» das **Austragen** eines Kindes durch die **Mutter** während der **Schwangerschaft** (↗Leihmutterschaft).

Safe Space – Notwendiger Schutzraum vor allem für Frauen, aber auch für Angehörige anderer unterdrückter und diskriminierter Minderheiten, um sich vor verletzenden Worten, Meinungen, Handlungen und auch Fakten, aber vor allem vor toxischen Männern zu schützen. Safe Spaces werden **vor allem an Universitäten** benötigt, um sich selbst und auch Mitstudierende vor antifeministischen und toxischen Inhalten, Theorien und Fakten (↗Hatespeech) fernhalten zu können – wenn man sie nicht vorher ganz verbieten kann, was aber eigentlich angestrebt ist.

Safe Space – Räume, aus denen die Mehrheit oder ihre unliebsame Literatur, Meinungen oder auch Forschung ausgeschlossen werden, **wenn sie einer Minderheit nicht gefallen.** Besonders beliebt an Universitäten. So werden vor allem im angelsächsischen Raum inzwischen gerne Studentengruppen vom Campus verbannt, weil ihre Meinung nicht dem Mainstream entspricht, oder gar **extra Räume oder ganze Studentenwohnheime** für Schwarze gefordert, um Weiße fernzuhalten. Die Forderung nach Extraräumen unter Ausschluss von Männern ist so alt wie die feministische Bewegung selbst. Das Beispiel der Schwarzen zeigt nun besonders absurd, wohin diese Denkweise führt: Während Martin Luther King dafür kämpfte, dass Schwarze nicht mehr getrennt von Weißen im Bus sitzen müssen, kämpfen seine Nachfolger darum, sich selbst von Weißen zu separieren.

Selbstbestimmung des Geschlechtes – Einzig legitime Form der Beurteilung des Geschlechtes eines Menschen, denn schließlich weiß er selbst am besten, welches Geschlecht er fühlt. Deswegen ist die zwangsweise **Zuweisung eines Geburtsgeschlechtes** in der Geburtsurkunde grundsätzlich zu kritisieren, weil es die Autonomie des Säuglings untergräbt. Nicht selten werden Menschen deswegen in ihrem biologischen Geschlecht **als Männer oder Frauen falsch gelesen,** weil die Gesellschaft ohne sensible Nachfrage von äußeren Geschlechtsmerkmalen auf das tatsächliche Geschlecht schließt. Die Einführung eines Selbstbestimmungsgesetzes ist deswegen überfällig, damit jeder Mensch sein Geschlecht selbstbestimmt und frei von biologischen Fakten und gesellschaftlichen Zwängen **einfach und sicher auf dem Standesamt eintragen und so oft umändern lassen kann, wie er/sie/* will**. (Siehe auch: ↗Gender Fluidity)

Abkoppelung der Geschlechtsbestimmung eines Menschen **von Fakten und Biologie** und damit Einführung einer kompletten Willkür mit weitreichenden juristischen und gesellschaftlichen Folgen, aber auch der Türöffner für die Einführung zahlreicher und unzähliger neuer, frei erfundener Geschlechter. Beispielsweise könnte die Option der reinen Behauptung, eine Frau zu sein, den juristischen Anspruch biologischer Männer auf einen Platz im Frauenhaus, im Frauengefängnis, im Frauensport oder auch auf den Posten einer Quotenfrau in einem DAX-Vorstand generieren. **Weiblichkeit wäre dann kein Alleinstellungsmerkmal** mehr, sondern ein Aneignungsmerkmal und eine soziale Rolle. **Faktisch ist die Selbstbestimmung also die Abschaffung des Geschlechtes** (↗Geschlechteridentität).

Sexarbeit – Sex ist ehrliche Arbeit, sozialversicherungspflichtig und ehrenhaft, da die Zurverfügungstellung des eigenen Körpers zur Triebabfuhr einer oder mehrerer anderer Personen **weder illegal noch unmoralisch** ist, sondern stattdessen eine körperliche Arbeit in der Regel von Frauen darstellt. Sex für alle mit Lohn für alle! Es gilt diese Arbeit angemessen zu würdigen und nach Tarif zu entlohnen, aber auch in der Rente angemessen zu berücksichtigen.

Sexarbeit ist **Prostitution** – in der Regel von Frauen, die leider in der Mehrheit zum Verkauf ihrer Sexualität unter Ausnutzung von **Notlagen** gezwungen und ausgebeutet werden. Die Existenz vereinzelter Edelprostituierten, die angeben, diese Tätigkeit hochbezahlt und mit Freude zu verrichten, kann als Ausnahme betrachtet werden.

Sexismus – Containerbegriff für jegliches unreflektierte Verhalten des weißen Durchschnittsmannes im ↗Patriarchat, weil es automatisch zur sexuellen Degradierung der Frau neigt. Es muss daher durch frühzeitig begonnene, gute gendersensible Erziehung durch fachlich geschultes staatliches Personal und eine ständige Ermahnung des Jungen und des Mannes im Zaum gehalten werden. Sexismus ist in der Gesellschaft durch ständige Reproduktion systemisch verankert. Um dies **ständige Fehlverhalten des Mannes gegenüber der Frau** sichtbar zu machen, ist es unbedingt erforderlich, in regelmäßigen Abständen in den Medien mit entsprechenden Kampagnen wie #aufschrei, #neinheißtnein oder #metoo auf die inhärente ↗Rape-Culture der Gesellschaft aufmerksam zu machen und auf die chromosomal kodierte Erbschuld der Männer hinzuweisen.

Auch der Begriff «Sexismus» kann auf **alles oder nichts** angewendet werden. Er gilt als Bezeichnung für abfälliges, unangemessenes Verhalten, abwertende verbale Äußerungen und Diskriminierungen von Frauen durch Männer mit expliziten oder unterschwelligen sexuellen Bezügen, **was die Frau auf ihren Körper und ihr Geschlecht reduziert** (Klassiker: dumme Sprüche am Arbeitsplatz, Blondinenwitze, anzügliche Sprüche in der Öffentlichkeit). Sexismus kann aber auch von Frauen gegen Frauen, von Homosexuellen gegen Heterosexuelle und genau genommen zwischen allen Geschlechtern vorkommen. Gesellschaftlich geahndet wird in der Regel aber nur falsches Verhalten von Männern gegenüber Frauen. Inzwischen aufgeblasener Begriff für jegliches Verhalten eines Mannes, das von einer Frau nicht erwünscht ist. Gerne fälschlicherweise verwendet für sexuelle Tatbestände wie Nötigung oder gar Vergewaltigung, die gerade nicht Sexismus darstellen, sondern eine Straftat. Es erscheint zweifelhaft, ob überhaupt noch ein Verhalten keinen Sexismus darstellt, da

zur Beweislage nur der gefühlte Eindruck der Geschädigten herangezogen wird und nicht die Faktenlage. Wikipedia weiß zudem, dass jede Ausrede zwecklos ist, da auch das Leugnen von Sexismus ebenfalls Sexismus darstellt («moderner Sexismus»). Negative Gefühle gegenüber Frauen fallen ebenfalls darunter («Neosexismus») und auch unangemessene Freundlichkeit gegenüber Frauen («benevolenter Sexismus»). Ist nicht eindeutig festzustellen, ob der Sexist eine Frau hasst oder liebt, handelt es sich um ambivalenten Sexismus.

Sexistische Stereotype (auch: sexistische Klischees) – Scheinbar typisches männliches oder weibliches Verhalten, das umgangssprachlich gerne auch als «normales» geschlechtsspezifisches Verhalten bezeichnet wird, allerdings in Wahrheit nicht existiert, da die moderne Genderforschung heute weiß, dass es sich dabei nur um ein **kulturell geprägtes, sozial konstruiertes Produkt** der patriarchalen Vorherrschaft und der daraus resultierenden ↗Heteronormativität handelt. Dennoch werden diese stereotypen Bilder vor allem von Frauen in den Medien oder in der Werbung ständig reproduziert, weswegen eine Zensur sexistischer Stereotype eingeführt werden sollte. Beispielhaft ist hier die Arbeitsgruppe gegen sexistische, diskriminierende und frauenfeindliche Werbung im Berliner Bezirk Friedrichshain-Kreuzberg und ihr Leitfaden zu erwähnen, die eine Vorreiter*innenrolle im Kampf gegen sexistische Werbung eingenommen hat, denn diese reproduziert tagtäglich Geschlechterrollenstereotype sowie diskriminierende Denkmuster und wird

Völlig normales Verhalten von Frauen und Männern, bei dem die Wesensunterschiede in Verhalten oder Vorlieben besonders sichtbar werden, wie etwa die Unterschiede bei der Berufswahl, bei der Spielweise von Kindern, bei der Fächerwahl im Studium oder in der menschlichen Interaktion. Klassisches Beispiel ist die Vorliebe von Mädchen für die Farbe Pink oder für Puppen und im Gegenzug dazu die Vorliebe von Jungen für Technik, Autos oder wildes, manchmal gar aggressives Spielen. Auch massive jahrelange Versuche im pädagogischen Raum, Mädchen und Jungen für den jeweils andersgeschlechtlichen Spielraum zu begeistern, scheitern regelmäßig an den Vorlieben der Kinder, was darauf hinweist, dass manches Sozialverhalten nicht Produkt von Anerziehung ist, sondern **schlicht angeboren.** Auch die mit Millionen an Steuergeldern finanzierten politischen Versuche, durch «Girls Days» und «Boys Days» Mädchen und Jungen weniger geschlechtertypische Berufe anzustreben zu lassen, kann statistisch als gescheitert bezeichnet werden. Was als Stereo- »

deswegen zu Recht als «strukturelle Form von Gewalt» (↗Rape-Culture) benannt. Insbesondere ist es sexistisch, «die Frau» leicht oder körperbetont bekleidet zu zeigen oder «ohne Anlass lächelnd inszeniert». Sexistisch und stereotyp ist aber auch, wenn sie als «hysterisch, kompliziert, hilfsbedürftig, fürsorglich, mit großer Freude im Haushalt beschäftigt, verführerisch oder schön» gezeigt wird.

typ oder Klischee bezeichnet wird, ist in der Regel eine gute Beschreibung der **gelebten Realität und des durchschnittlichen Verhaltens von Männern und Frauen.**

Sexualisierte Gewalt – Neue griffige Bezeichnung für jegliche tatsächliche und gefühlte psychische oder verbale Gewalt gegen Frauen. Im Gegensatz zum bisher gängigen Begriff «sexuelle Gewalt» schließt «sexualisierte Gewalt» endlich auch Tatbestände ein, die sich in der Realität nur schwer nachweisen lassen, weil sie sich in der **Gefühlswelt der Frau** abspielen (↗Sexismus). Auch unerwünschte Komplimente, ausbleibende Beförderungen, ungegenderte Literatur und gezielte Blicke von Männern können damit **endlich juristisch identifiziert und geahndet werden.** Zweifel am Vorwurf einer Frau gegenüber einem Mann oder gar die Forderung nach Beweisen für «sexualisierte Gewaltausübung» erfüllen automatisch den Tatbestand des ↗Antifeminismus, denn eine Frau lügt nie und weiß schließlich selbst am besten, ob sie sich belästigt gefühlt hat.

«Sexualisierte Gewalt» ist ein Kunstbegriff, um den bisher benutzten Begriff der **«sexuellen Gewalt»**, welche längst in zahlreichen Straftatbeständen unter Strafe steht, **argumentativ um weitere Tatbestände erweitern zu können**, da bei dieser nur tatsächliche körperliche Übergriffe unter Strafe gestellt werden und auch reale Tatbestände und Beweise oder wenigstens eine böse Absicht bewiesen werden müssen, um ein tatsächliches Fehlverhalten gegenüber einer Frau zu behaupten. Die Durchschnittsfeministin bevorzugt nun den Begriff der sexualisierten Gewalt, womit jede Äußerung über die Fähigkeiten, das Aussehen oder sonstige Eigenschaften der Frau bereits als Angriff im Kontext sexueller Übergriffigkeit gewertet werden kann.

Toxische Männlichkeit (auch: giftige Männlichkeit) – Bezeichnung für ein Verhalten von Männern, das als **schädlich für die Gesellschaft oder auch für Männer selbst** gesehen wird. Dieses Verhalten zu verhindern und abzuschaffen hilft also nicht nur der Frau und der Gesamtgesellschaft, sondern bewahrt auch den Mann vor sich selbst. Der toxische Mann neigt zu Gewalt, Dominanz, Aggressivität, Frauenfeindlichkeit und ↗Homophobie. Er heiratet gerne eine ↗Hausfrau, liebt wahrscheinlich Waffen und wählt natürlich rechts. Da es sich in der Regel um unbelehrbare und uneinsichtige Männer handelt, ist es nur richtig, dass Frauen definieren, wann ein männliches Verhalten als toxisch zu gelten hat, große Überschneidungen ergeben sich zu ↗sexistischen Stereotypen. Als klassischer Vertreter der toxischen Männlichkeitskultur kann der ehemalige US-Präsident Donald Trump beispielhaft erwähnt werden.

Als «toxische Männlichkeit» kann heute **jedes normale männliche Verhalten eines Mannes gelten, das auch nur *einer* Frau nicht gefällt.** Insbesondere jene Männer, die sich in ihrem Mannsein gefallen und dies auch nicht problematisieren oder gar in Frage stellen, gelten als besonders verdächtig, die Gesellschaft durch ihre reine Existenz zu vergiften. Als nicht-toxisch gelten Männer, die ↗Frauenquoten befürworten, sich selbst als Feministen bezeichnen, links, grün, vegan, ↗queer oder schwul sind, gerne zuhören, Gewalt ablehnen, Gedichte rezitieren, Rad fahren oder ein Hybrid-Auto. Als klassischer Vertreter guter Männlichkeit kann Grünen-Vorsitzender Robert Habeck beispielhaft erwähnt werden.

Transphobie (Transfeindlichkeit) – Eng verwandt mit der ↗Homophobie, Lesbophobie oder der Ablehnung aller Personen, die sich selbst dem nichtheterosexuellen Spektrum zurechnen. Hier spezifisch gegen Menschen gerichtet, die in einem Akt der Selbstbestimmung ihr körperliches Geschlecht ihrem wahren Geschlecht angleichen. **Verweigerung derselben Rechte und Zugänge zu spezifischen Männer- oder Frauenräumen** und -Domänen, aber auch des Zugangs zu Sportwettkämpfen in jenem Geschlecht, das Transmenschen selbstbestimmt für sich definieren.

Transphobie kann sowohl eine echte Aversion als auch schlicht **jedes Widerwort gegen Forderungen von Transmenschen sein,** die abseits ihres biologischen Geschlechtes eine bedingungslose Anerkennung in ihrem «neuen» Geschlecht fordern. Für gute, radikale Feministinnen, die sonst eigentlich alle feministischen Forderungen unterschreiben, jedoch die Transrechte kritisch sehen, weil sie die Rechte normaler Frauen untergraben, existiert der eigene Fachbegriff der **TERF (Trans Exclusive Radical Feminist)**, um sie ähnlich dem Transphoben sozial und öffentlich markieren und ächten zu können, schließlich sind sie **Verräterinnen am Frauenkollektiv**, das explizit auch die selbsternannten Frauen nicht ausschließen will. Ungeklärt bleibt, ob jene Transfrauen, die mit ihrem anatomisch männlichen Körper biologische Frauen vergewaltigen als männliche Täter (Penis) oder als weibliche Täterinnen in die Kriminalstatistik aufgenommen werden sollen.

Nachwort

Gender verstehen

Der Turmbau zu Babel ging als größenwahnsinniges Bauprojekt in das kollektive Gedächtnis der Menschheit ein: ein Reich, eine Sprache, eine Denke, die sich als Ungetüm in den Himmel bohrte. Erst als den Beteiligten ihre Sprachmagie um die Ohren flog und keiner mehr so recht verstand, was der andere wollte, fanden alle zu einer eigenen, authentischen Sprache: der Muttersprache, die sie ihre Kinder lehrten, wie ihnen der Schnabel gewachsen war.

Heute scheint Muttersprache – samt der «Mutter» – wieder in Verruf geraten zu sein, und die Verwirrung über das, wer wir sind und was wir als Männer und Frauen miteinander wollen, wird mit Sprachmagie und Wortungetümen kaschiert. Meist finanziert von öffentlichen Geldern, hat es der Genderismus in einigen Bereichen geschafft, Sprach-Raum zu gewinnen: Ein Gestrüpp von gendergerechten Umschreibungen wuchert über Gewerkschaften, in Betriebsräten, an Universitäten und zieht sich bis ins Kirchenlied.

Die allgemeine Geschlechtsverwirrung wird wortreich durch zunehmend sinnfreie Formeln übertüncht. Mit dem Gender_Gap, also durch Unterstriche, oder durch Stern*chen werden Signets für Identitäten jenseits des Mann-Frau-Schemas geschaffen. Kryptik ist erwünscht. Hinter dem Make-up der Gleichstellung zeigt sich die Fratze des Genderismus. «Sprachverhunzung» nannte Thomas Mann den Kernimpuls brauner Ideologie. Und auch im Regenbogenschillern bleibt Ideologie, was sie ist: Gewalt am Sprach- und Denkvollzug. Das Wissen darum ist alt wie die Menschheit: «Wenn Wörter ihre Bedeutung verlieren», sagt Konfuzius, «verlieren die Menschen ihre Freiheit.»

Eine neue Sprache für eine neue Welt

Sprache prägt das Denken, entsprechend haben Ideologien schon immer versucht, Sprache zu lenken, Worte zu verbieten, Begriffe neu zu prägen. Das «Neusprech» – eine böse

Vorahnung des Autors George Orwell in seinem düsteren Roman «1984» – ist heute längst Teil eines akademischen Diskurses geworden, der jetzt nach der Lebensrealität und den Sprachgewohnheiten von Millionen Menschen greift. Wer politisch eine neue Welt – oder was die Gender-Ideologen verfolgen: einen neuen Menschen – will, muss die Sprache zerstören, die das Bisherige getragen hat und ihm Sinn und Ordnung verlieh.

Wenn Geschlecht abseits von biologischer Wirklichkeit nur noch als frei wählbare Selbstbestimmung verstanden wird – und das ist der ideologische Bodensatz der Gender-Sprache –, dann wird aus dem Urwort «Mutter» plötzlich nur noch eine «gebärende Person». Das geschieht mit dem Vorsatz, ihre Weiblichkeit nicht mehr zu benennen und damit auch andere Geschlechter zumindest sprachlich zu «Müttern» zu machen.

Aus Familie und Vater, Mutter, Kind, so planen es die Gender-Architekten, wird dann «Elternteil 1» und «Elternteil 2» oder auch 3, 4 und 5 – je nachdem, wer sich selbst plötzlich als Teil der Familie oder gar als Zuständiger für das Kind fühlen will.

Sprache soll inklusiv sein

Die gängige Begründung jener, die Gendersprache fordern, speist sich aus der Behauptung, die deutsche Sprache diskriminiere sowohl die Frau als auch die neue «Vielfalt» der Geschlechter, deswegen müsse man die Frau und die Geschlechtervielfalt in der Sprache sichtbar und hörbar machen. Die deutsche Grammatik wird als männlich dominant empfunden, weswegen sie neuen Formulierungen zum Opfer fällt. Im Ergebnis steht vor allem der grammatikalische Plural mit dem sogenannten generischen Maskulinum (Piloten, Ärzte, Bäcker etc.) stark unter Verdacht, die Frau auszugrenzen, darum ist er auszumerzen.

Die Forderung ist also klar: Sprache soll alle mitnehmen, niemanden zurücklassen, sie soll keinen verletzen und immer «inklusiv» sein, also alle Menschen einschließen und sichtbar machen. Jeder soll sich wiederfinden in den Schreibweisen und nicht nur «mitgemeint» sein, so die gängigen Begründungen für das absichtliche Umformulieren nach neuen, gleichstellungspolitischen Maßstäben. Deren Richtlinien kennt allerdings keiner so genau, weil sie willkürlich von einer Handvoll Aktivisten ersonnen und dazu auch noch ständig verändert werden.

Doch obwohl ständig «gerechte» und «achtsame», aber gerne auch «inklusive» Sprache gefordert wird, entwickeln sich die Verlautbarungen aus Ministerien und Behörden, aus Gleichstellungsbüros, aber auch aus journalistischen Redaktionen und nicht zuletzt die Begriffe und Formeln in den Forderungen von LSBTTIQ-Aktivisten zu einem verklausulierten Geheimcode, den nur noch jene verstehen, die diese Begriffe wie ein Mantra wiederholen oder offenbar mehrere Gendersprachseminare zur Erringung eines «Genderzertifikates» erfolgreich absolviert haben.

Methoden der Umsetzung

Das sprachliche Gendern hat seine ideologische Wurzel in der Bestrebung, die natürliche Kategorie «Geschlecht» grundsätzlich infrage zu stellen, und findet sich bei der Sprache in drei unterschiedlichen Methoden umgesetzt:

Zum Ersten begegnet einem Gendersprache im Alltag neuerdings als gut erkennbare orthografische Verunstaltung von Wörtern durch Sterne, Striche, Doppelpunkte und sonstige Einfügungen, da selbst die Vertreter sich untereinander nicht einig sind, wie Gendersprache denn nun «richtig» formuliert werden soll. Das Sammelsurium kurioser Schreibweisen zeigt uns also den Gender*Stern mitten im Wort, aber auch das große Binnen-I der FeministInnen, den Gender_Gap als Unterstrich-Platzhalter für ganz viel Vielfalt als Schreibvariante oder auch den Doppelpunkt bei den Sprachakrobat:Innen. Gerne genommen wird aber auch die Kombination aus Sternen und dem großen «I» der Gendersprecher*Innen, wenn sie nicht gleich ganz zu «Gendersprechenden» geworden sind. Man sieht: Je weiter die Zeit voranschreitet, umso mehr Schreibvarianten, vermeintliche Regeln, Striche, Punkte und Sonderzeichen tauchen auf. Alle Schreibweisen haben jedenfalls eines gemeinsam: Sie sind freie Erfindungen einer Minderheit, die der Mehrheit der Bevölkerung eine neue Schreib- und Sprechweise aufdrängen will. Genauso gut könnte man bunte Blumen oder Emojis mitten in die Worte setzen, man mag es kaum aussprechen, um niemanden auf neue Gedanken zu bringen.

Zum Zweiten werden Begriffe, die als «stereotyp» oder «sexistisch», gerne auch als «rechts» oder «rassistisch» gebrandmarkt werden, ganz aus dem Sprachgebrauch getilgt. Einzelne Begriffe oder auch Redewendungen werden nicht bloß umformuliert, sondern gar ganz vermieden, weil sie auf der Gender-Opfer-Skala als verletzend oder beleidigend eingestuft und gebrandmarkt werden. Das betrifft den «alten Hasen» genauso wie den «Fachmann», das «Mauerblümchen», die «Milchmädchenrechnung» oder gar die «Mannschaft», weil die alte Häsin, die Fachfrau und die Frauschaft nicht sichtbar sind und sich zudem auch noch unschön anhören. Wenn niemand sprachlich ausgegrenzt sein soll, müssen manche Begriffe entsprechend sterben, frei nach der kindlichen Logik: Was nicht mehr ausgesprochen wird, existiert auch nicht.

Zum Dritten werden für offensichtliche und klare Bezeichnungen absichtlich neue und auch irreführende Begriffe erfunden. Der Wunsch wiegt also höher als die Wahrheit, damit sich niemand durch Fakten diskriminiert fühlt. In diesem Geist darf die Frau nicht mehr «Frau» genannt werden, sie könnte sich ja als anderes Geschlecht fühlen, sie wird zum «Menschen, der weiblich gelesen wird». Andere Worte werden umdefiniert, um jedem die Option offenzulassen, dass er auch Teil des großen Ganzen sein kann. In England wurde kürzlich die «Muttermilch» amtlich zur «Menschenmilch» geschlechtsneutralisiert, damit auch jene Menschen ein Kind sprachlich stillen können, die sich selbst vielleicht als Mann betrachten und gerne stillende Väter wären.

Transfrauen müssen wahrheitswidrig als echte Frauen bezeichnet werden, auch wenn sie anatomische Männer sind.

Freiheit der Sprache

Es sind nicht wenige Bürger, die sich langsam fragen, was mit all den neuen Wortschöpfungen wohl gemeint sein soll, welchen ungeschriebenen Gesetzen das Gendern folgt und ob man das eigentlich mitmachen muss? Auf der Seite der Ratlosen stehen auch jene, die gerne so sprechen, wie sie ihre Muttersprache von der Wiege an gelernt haben. «Frei Schnauze», sagte man früher. Das ist im Gender-Land allerdings nicht mehr vorgesehen. Nicht wenige Bürger sind darum verunsichert, andere genervt. Gendern oder nicht, das spaltet auch Familien oder lässt Freunde miteinander brechen. Irre. Die Bemühungen jener, die akribisch darauf achten, auf politisch korrekte Weise zu sprechen, führen zu Zensur, Verboten und Sprachverkrümmungen, die nicht nur Sprachliebhabern und Germanisten den Schlaf rauben, sondern alle verunsichern, weil man nicht mehr weiß, wie man und natürlich auch frau, ohne in Fettnäpfchen zu treten, formulieren soll. Das zwängige Sprachregime der Wirrköpfe kippt allmählich in eine allgemeine Sprachverwirrung.

Klartext für alle

Es ist daher an der Zeit, dem Leser eine Übersetzungshilfe an die Hand zu geben, um sich in jenen Begriffen zurechtzufinden, die sich formelhaft über die tatsächlich gesprochene Sprache gelegt haben. Deswegen diese Gender-Fibel. Als kleines Konversationslexikon zur Unterscheidung möchte es Mut machen, den Humor nicht zu verlieren und sich selbstbewusst querzustellen, wo Gendersprech Eingang fordert. Mit Jordan Peterson, dem kanadischen Psychologieprofessor, dürfen wir uns im Klaren sein: «Wenn ich die Gendersprache spreche, spreche ich die Sprache einer Ideologie!»

Gendersprache bringt gerade keine Vielfalt, sondern raubt Differenzierung, Nuancen, Eindeutigkeit und tilgt Tradition sowie kollektive

Erinnerung. Sie zersetzt Identität. Denn lebendige Sprache – und besonders auch unsere deutsche Sprache – ist wie ein Baum, gepflanzt an den Wasserbächen: tief verwurzelt, stark im Stamm, weit verästelt, reich an Blättern und an Frucht: gegenseitigem Verständnis und einem Verständnis unserer selbst. So schnell lässt sie sich nicht umdeuten oder verbiegen. «Die Sprache ist klüger als der, der sie spricht», sagt der Sprachphilosoph Eugen Rosenstock-Huessy. Also: Reden wir fröhlich, fürstlich und frisch – gerade so, wie uns der Schnabel gewachsen ist. Das ist wahre Vielfalt. Das bürgt für Lebendigkeit und Originalität.

Dominik Klenk